¿De dónde viene?

Del algodón a la camiseta

por Avery Toolen

Bullfrog en español

Ideas para padres y maestros

Bullfrog Books permite a los niños practicar la lectura de textos informativos desde el nivel principiante. Las repeticiones, palabras conocidas y descripciones en las imágenes ayudan a los lectores principiantes.

Antes de leer

- **Hablen acerca de las fotografías. ¿Qué representan para ellos?**
- **Consulten juntos el glosario de las fotografías. Lean las palabras y hablen de ellas.**

Durante la lectura

- **Hojeen el libro y observen las fotografías. Deje que el niño haga preguntas. Muestre las descripciones en las imágenes.**
- **Léale el libro al niño o deje que él o ella lo lea independientemente.**

Después de leer

- **Anime al niño para que piense más. Pregúntele: ¿Tienes una camiseta favorita? ¿Te has preguntado alguna vez de dónde venía?**

Bullfrog Books are published by Jump!
5357 Penn Avenue South
Minneapolis, MN 55419
www.jumplibrary.com

Library of Congress Cataloging-in-Publication Data

Names: Toolen, Avery, author.
Title: Del algodón a la camiseta / por Avery Toolen.
Other titles: From cotton to T-shirt. Spanish
Description: Minneapolis: Jump!, Inc., [2022]
Series: ¿De dónde viene?
Translation of: From cotton to T-shirt.
Audience: Ages 5–8 | Audience: Grades K–1
Identifiers: LCCN 2021004185 (print)
LCCN 2021004186 (ebook)
ISBN 9781636901596 (hardcover)
ISBN 9781636901602 (paperback)
ISBN 9781636901619 (ebook)
Subjects: LCSH: T-shirts—Juvenile literature. | Cotton—Juvenile literature. | Cotton manufacture—Juvenile literature.
Classification: LCC TT675 .T6618 2022 (print)
LCC TT675 (ebook) | DDC 746—dc23

Editor: Eliza Leahy
Designer: Michelle Sonnek
Translator: Annette Granat

Photo Credits: ithinksky/iStock, cover (left); Iringa Rogova/Shutterstock, cover (right); Ines Behrens-Kunkel/Shutterstock, 1; Muenchbach/Shutterstock, 3; Ranta Images/Shutterstock, 4; Trong Nguyen/Shutterstock, 5, 23tl; lourencolf/Shutterstock, 6–7, 22tl, 23tm; Scott Olson/Getty, 8–9, 22tr, 23bl; DZMITRY PALUBIATKA/Shutterstock, 10; junrong/Shutterstock, 11; Aleksandr Kurganov/Shutterstock, 12–13, 22mr, 23bm; paparazzza/Shutterstock, 14; ANAID studio/Shutterstock, 15, 22br, 23br; AdaCo/Shutterstock, 16–17, 22bl, 23tr; Sabaidee/Shutterstock, 18–19; SDI Productions/iStock, 20–21, 22ml; Surrphoto/Shutterstock, 24.

Printed in the United States of America at Corporate Graphics in North Mankato, Minnesota.

Tabla de contenido

Del campo

Laura viste una camiseta.

¿De dónde viene esta?

¡Del algodón!

Este crece en los campos.

campo de
algodón

Las máquinas lo recolectan.

Va a una desmotadora de algodón.

La desmotadora le saca las semillas.

¡Qué genial!

desmotadora
de algodón

El algodón va a una fábrica.

Una máquina lo hila.
Esto produce hilo.
El hilo va en carretes.

tela
máquina de tejer

Una máquina lo teje.

Esta hace tela.

La tela se lava.
Esto la vuelve suave.

El tinte le da color.

Luego se corta.

Los trabajadores
la cosen.

¡Ellos hacen camisetas!

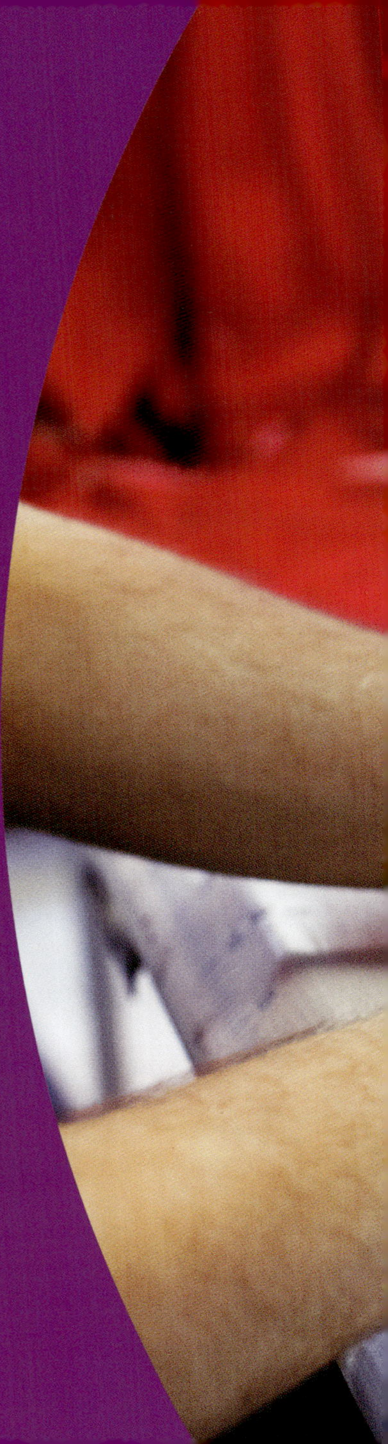

máquina
de coser

Las camisetas se empacan.
Ellas van a las tiendas.

Nosotros vamos de compras.

¡Compramos una!

Del campo al tienda

¿Cómo va el algodón del campo al tienda? ¡Echa un vistazo!

1. El algodón crece en los campos. Las máquinas lo recolectan.

2. Una desmotadora de algodón le saca las semillas.

3. El algodón se hila hasta que se convierta en hilo y se teje hasta que se vuelva tela.

4. Se lava y se tiñe la tela.

5. Se corta la tela y se cose para hacer camisetas.

6. Se envían las camisetas a las tiendas. ¡Nosotros las compramos!

Glosario de fotografías

algodón
Una planta que produce fibras blancas y suaves.

campos
Pedazos abiertos de tierra para cultivar cosechas o para el pastoreo de animales.

cosen
Hacen, reparan o amarran algo con puntos hechos por una aguja y un hilo.

desmotadora
Una máquina que separa las semillas y otro material del algodón.

teje
Hace tela del hilo.

tinte
Una sustancia utilizada para cambiar el color de algo.

Índice

Para aprender más

Aprender más es tan fácil como contar de 1 a 3.

1. Visita www.factsurfer.com
2. Escribe "delalgodónalacamiseta" en la caja de búsqueda.
3. Elige tu libro para ver una lista de sitios web.